DETTAGLI E DISEGNI

LIBRO DA COLORARE ADULTO PROGETTA EDITION

Coloring Bandit

Pubblicato da Speedy Publishing Canada Limited

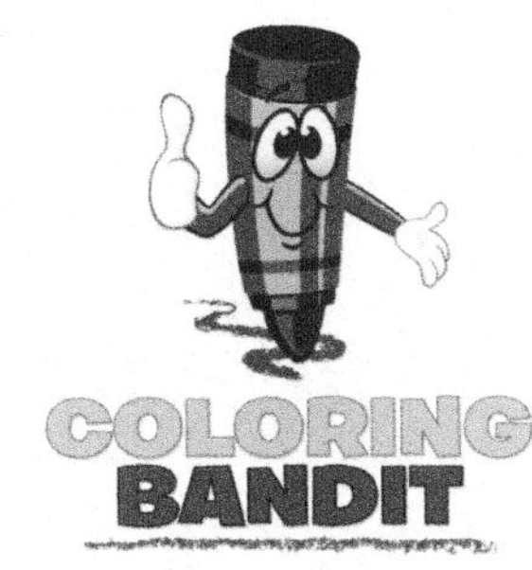

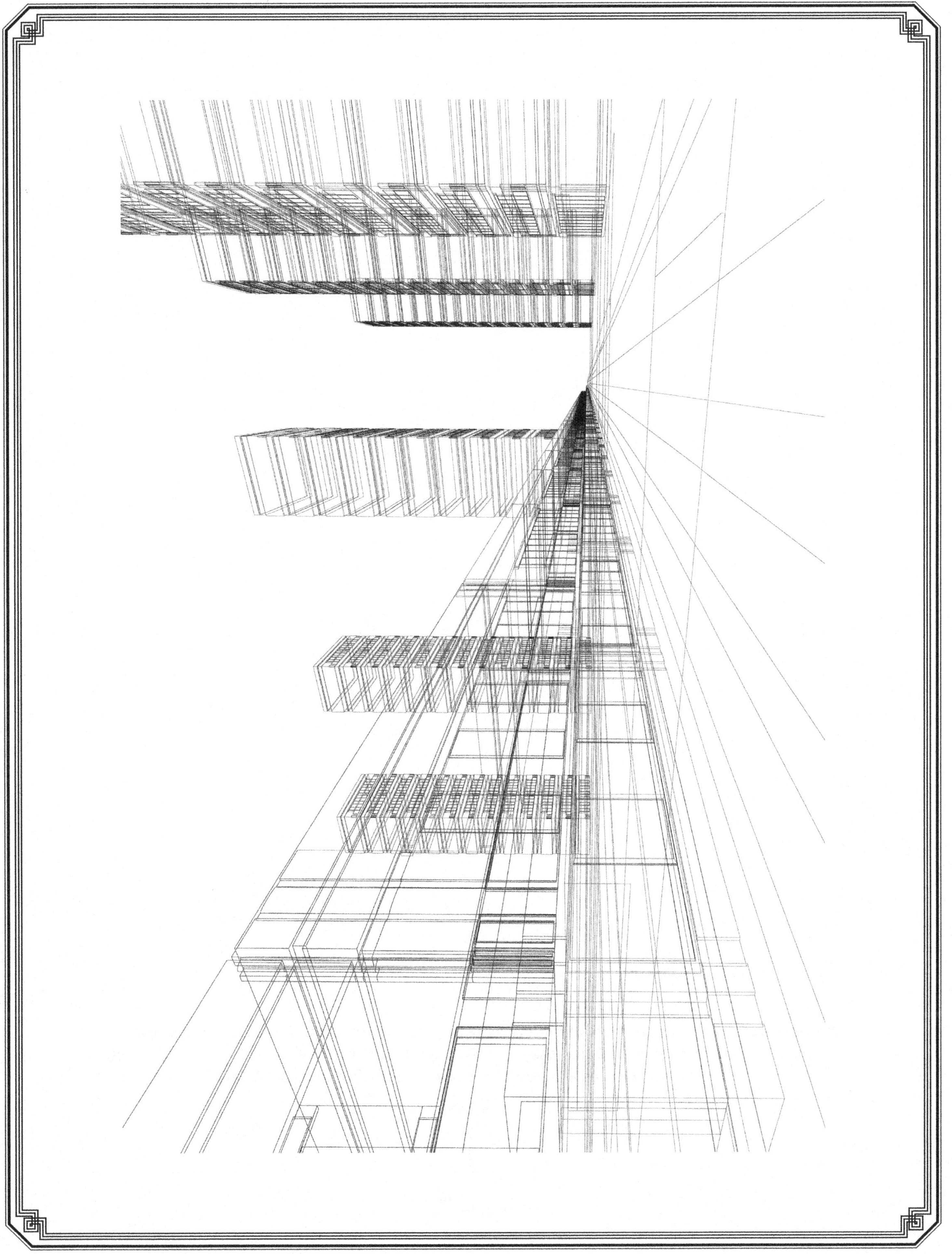

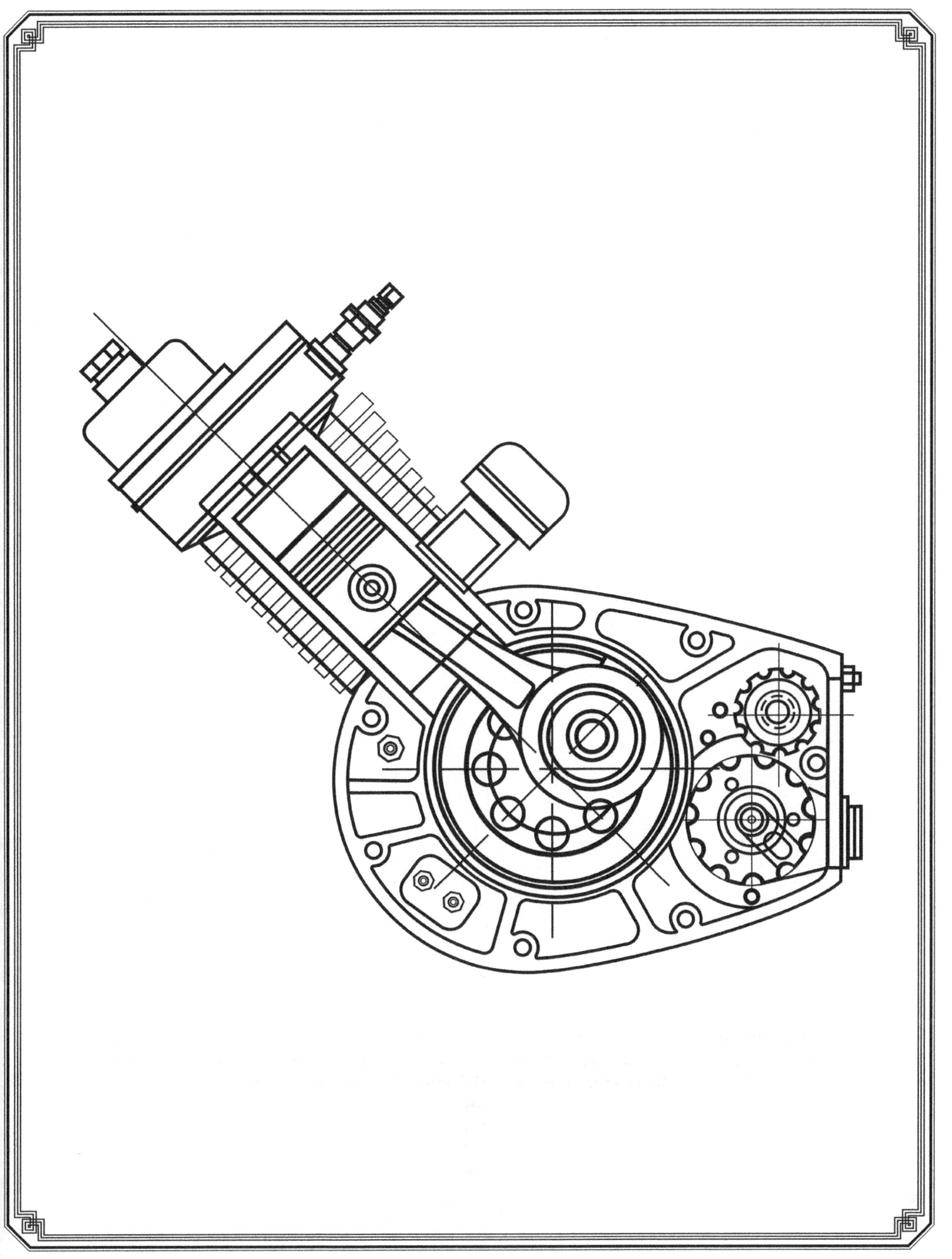

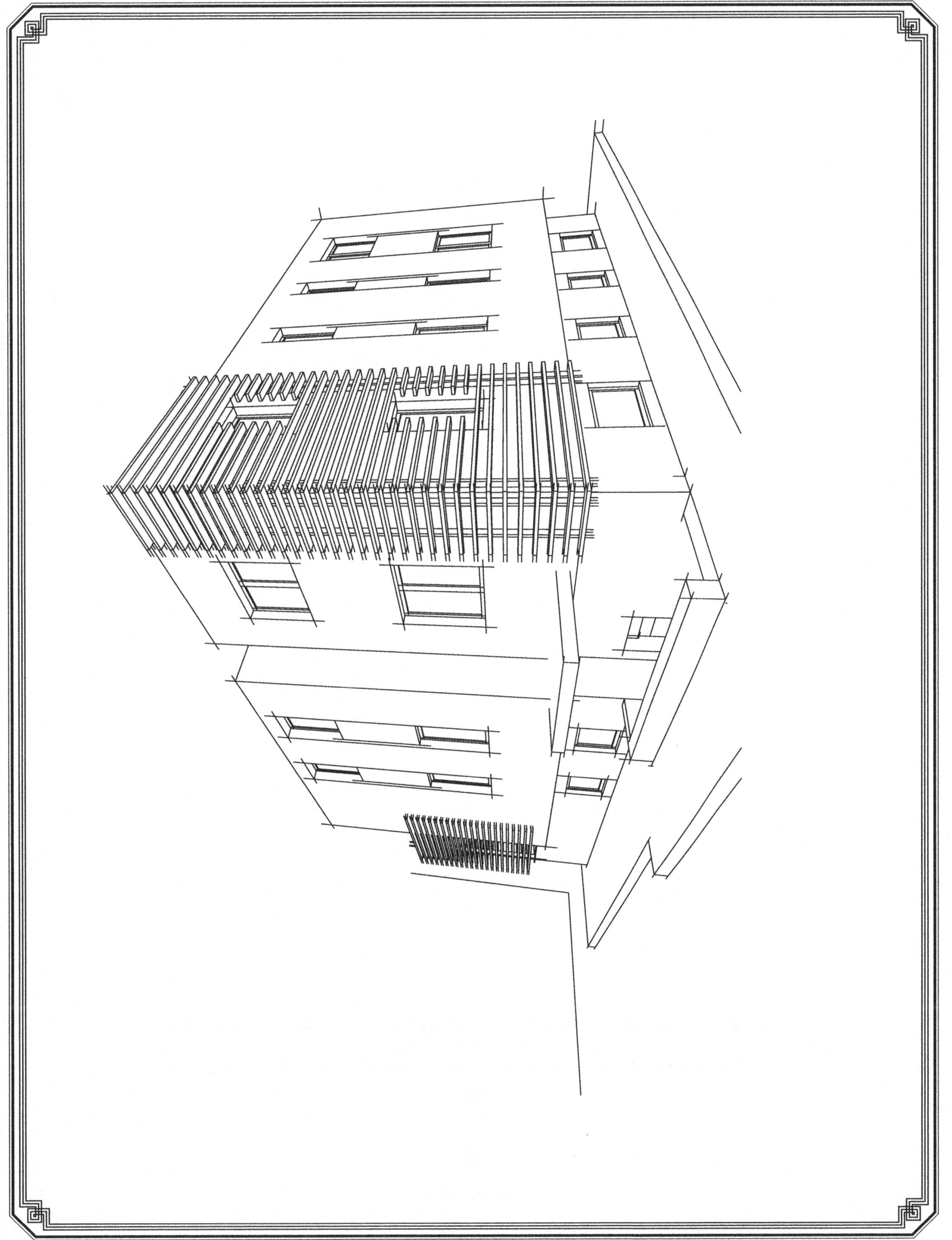

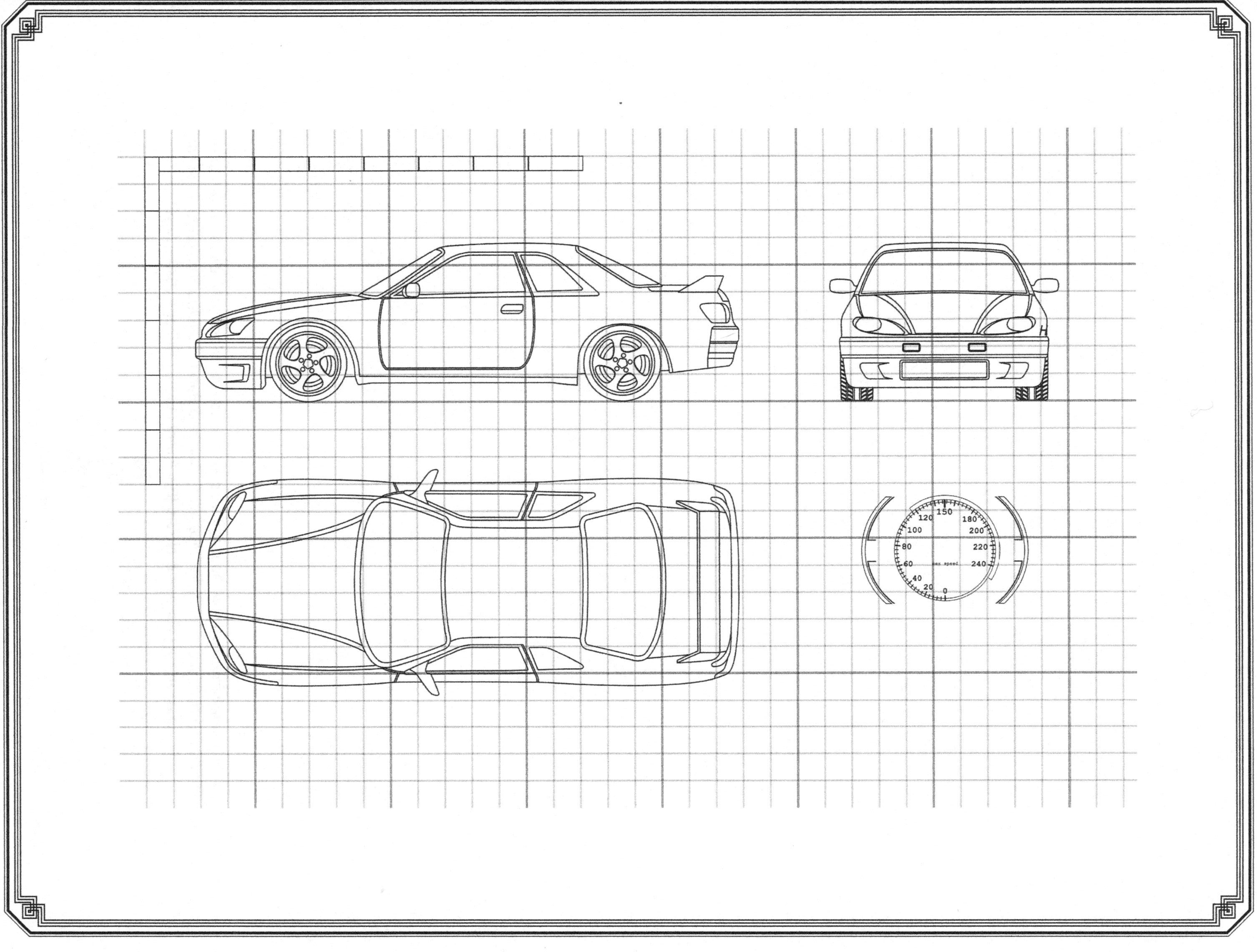

0
20
40
60
80
100
120
150
180
200
220
240
max. speed

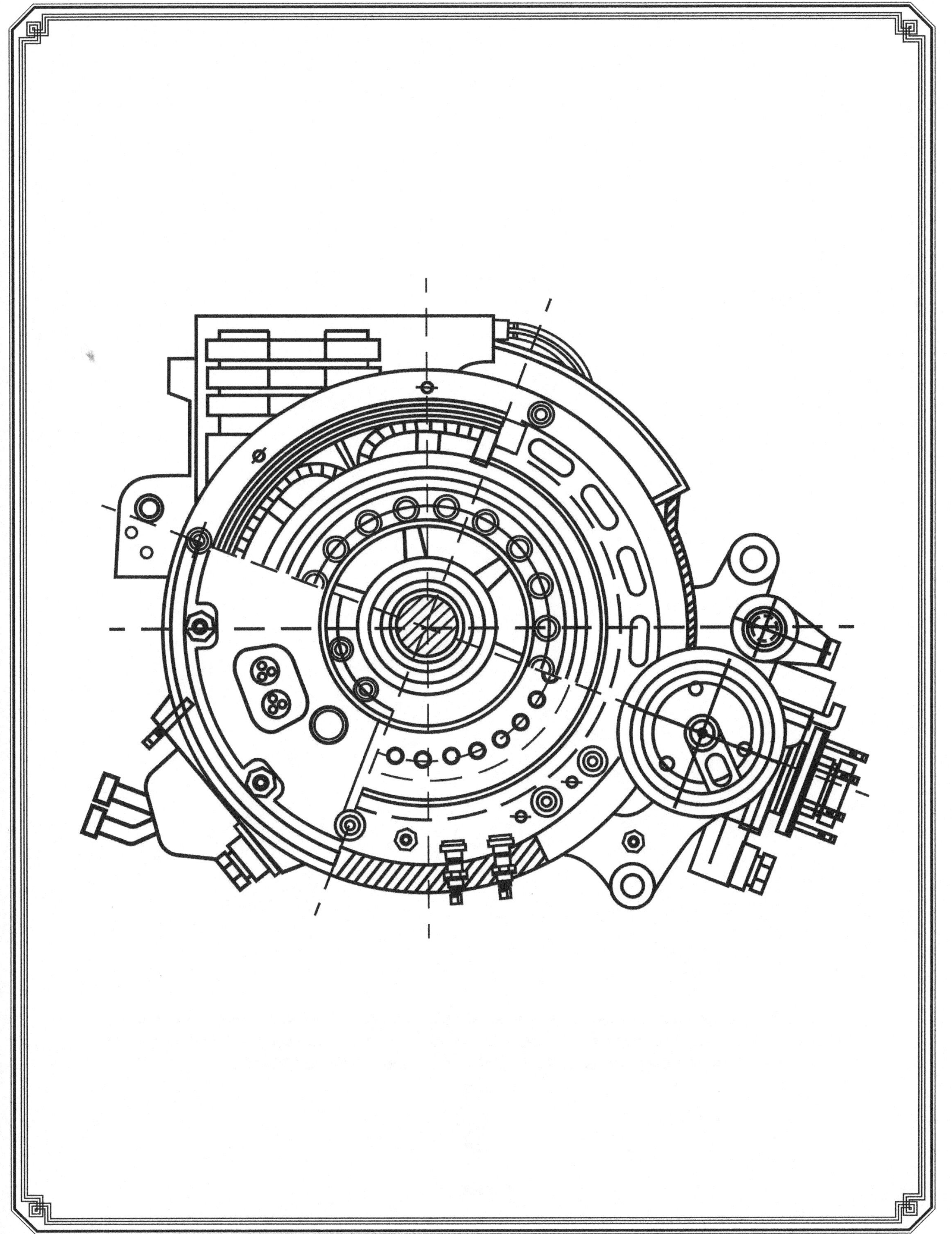

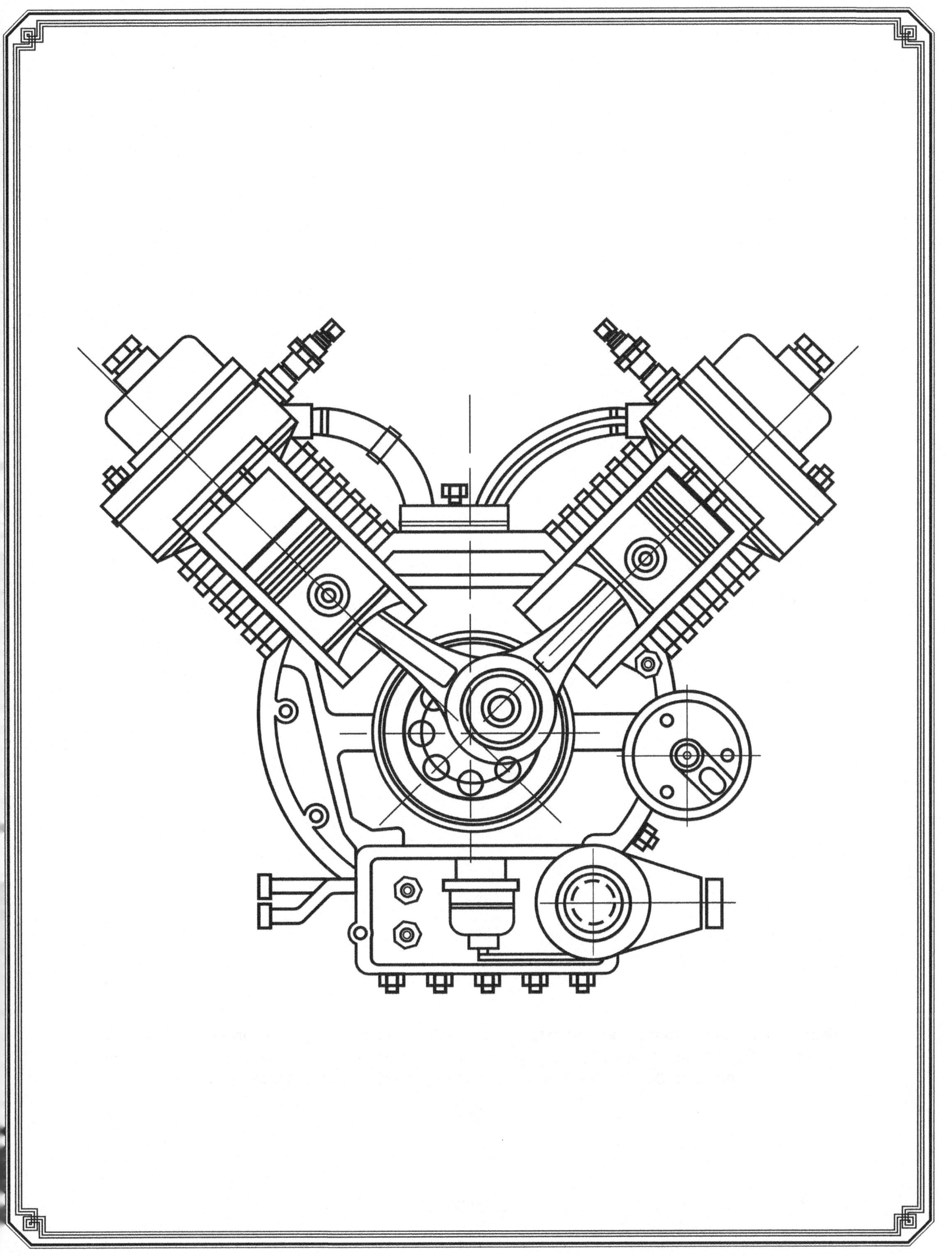

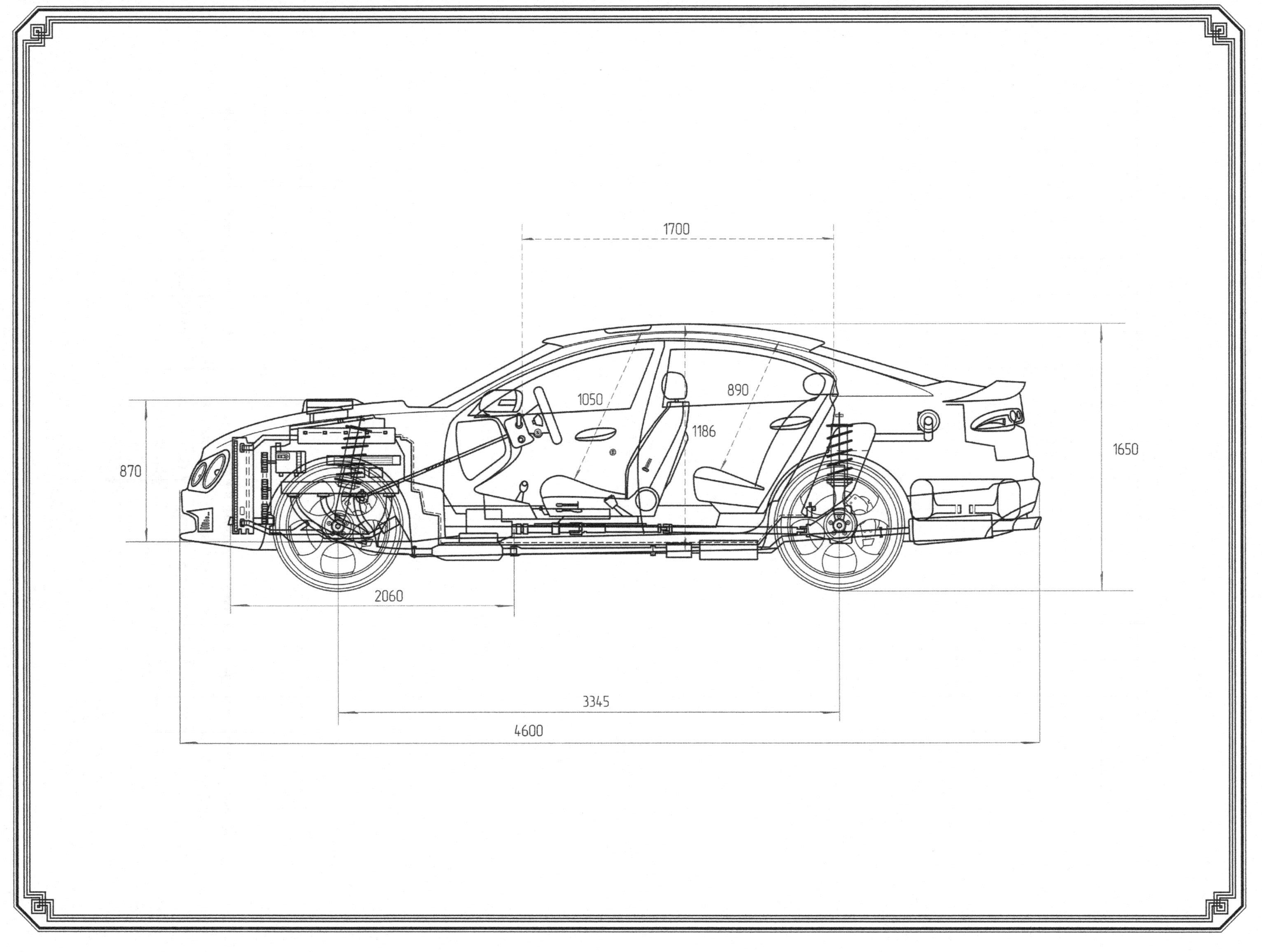

1700
1050
890
1186
870
1650
2060
3345
4600

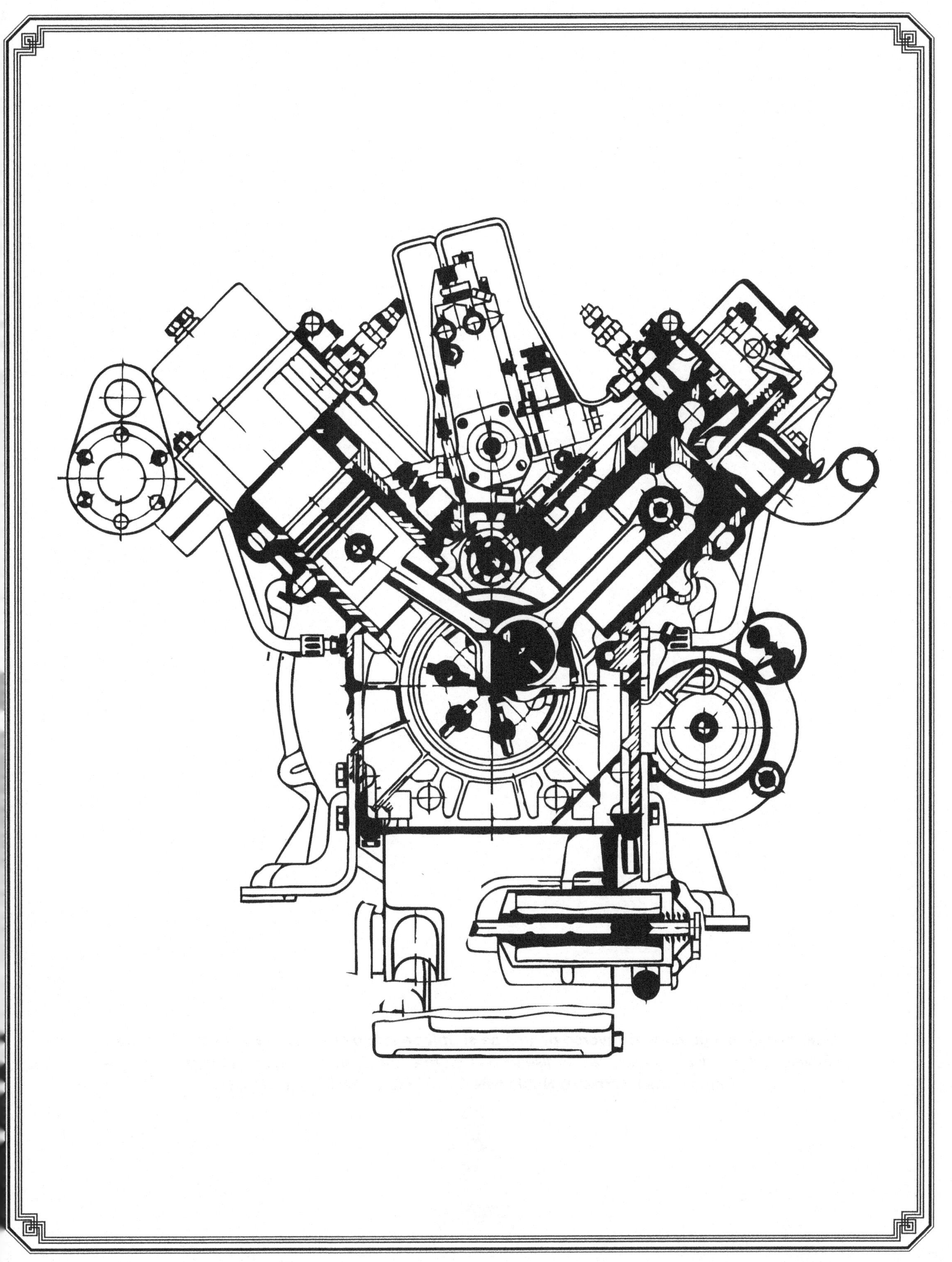

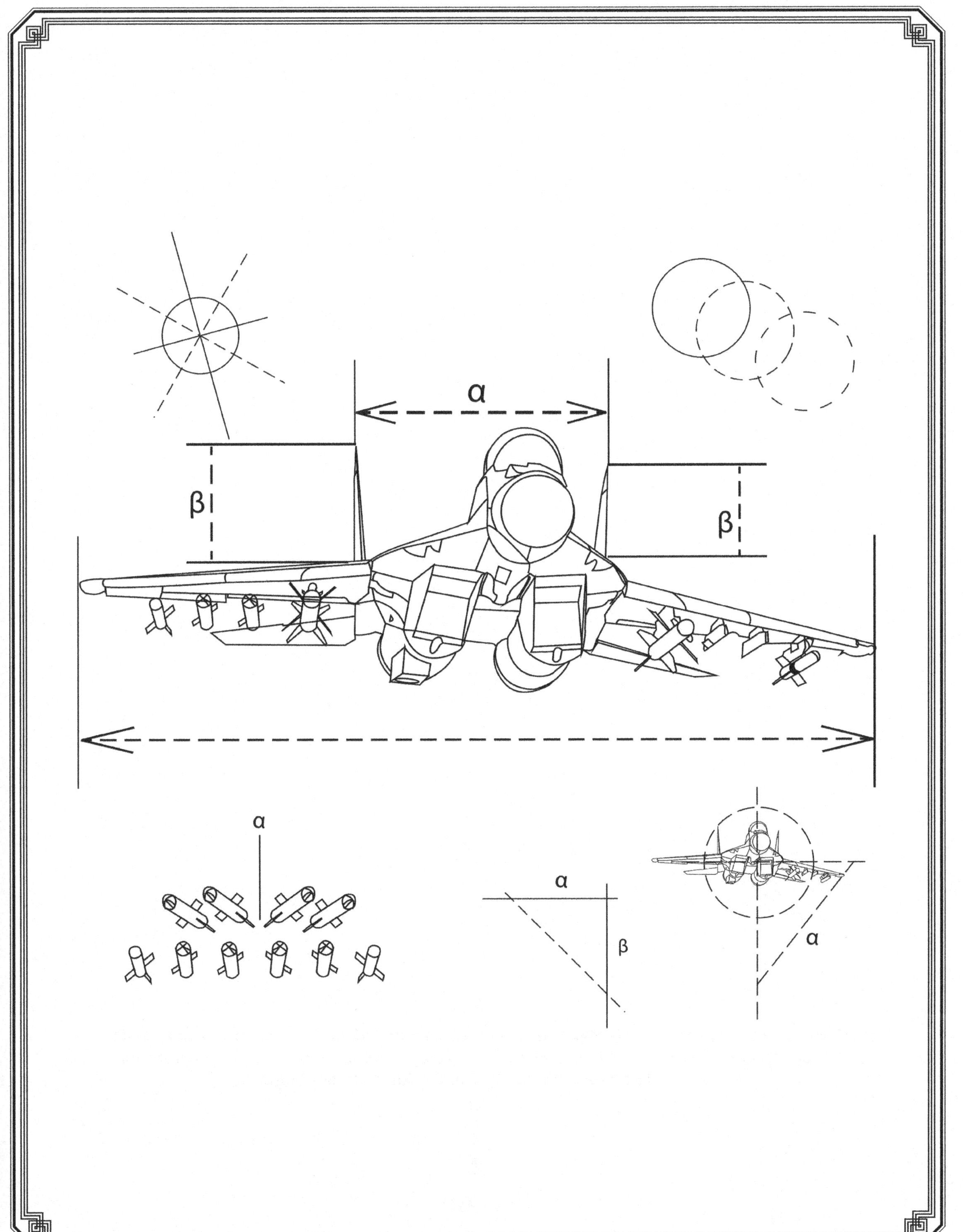

α
β
β
α
α
β
α

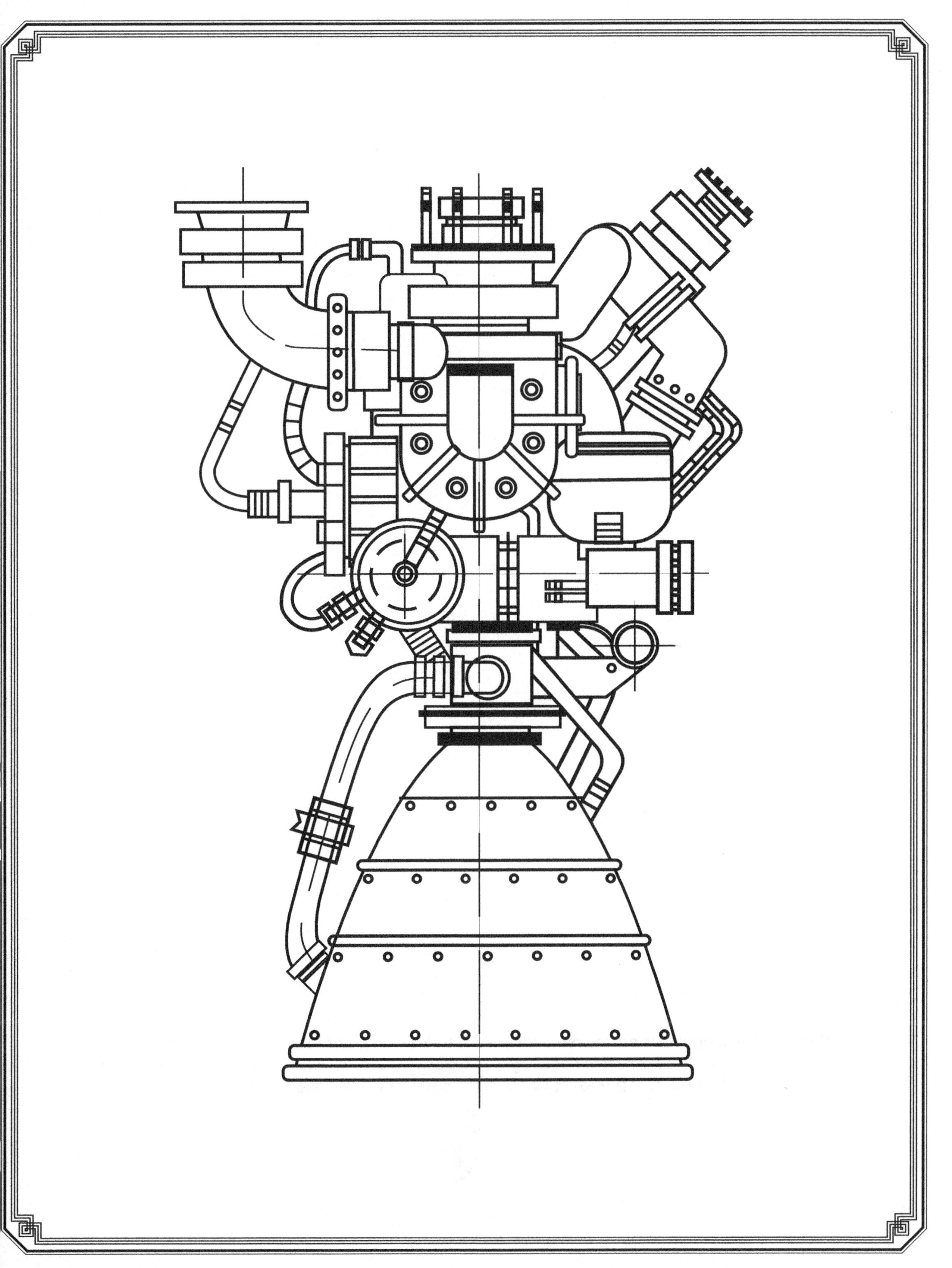

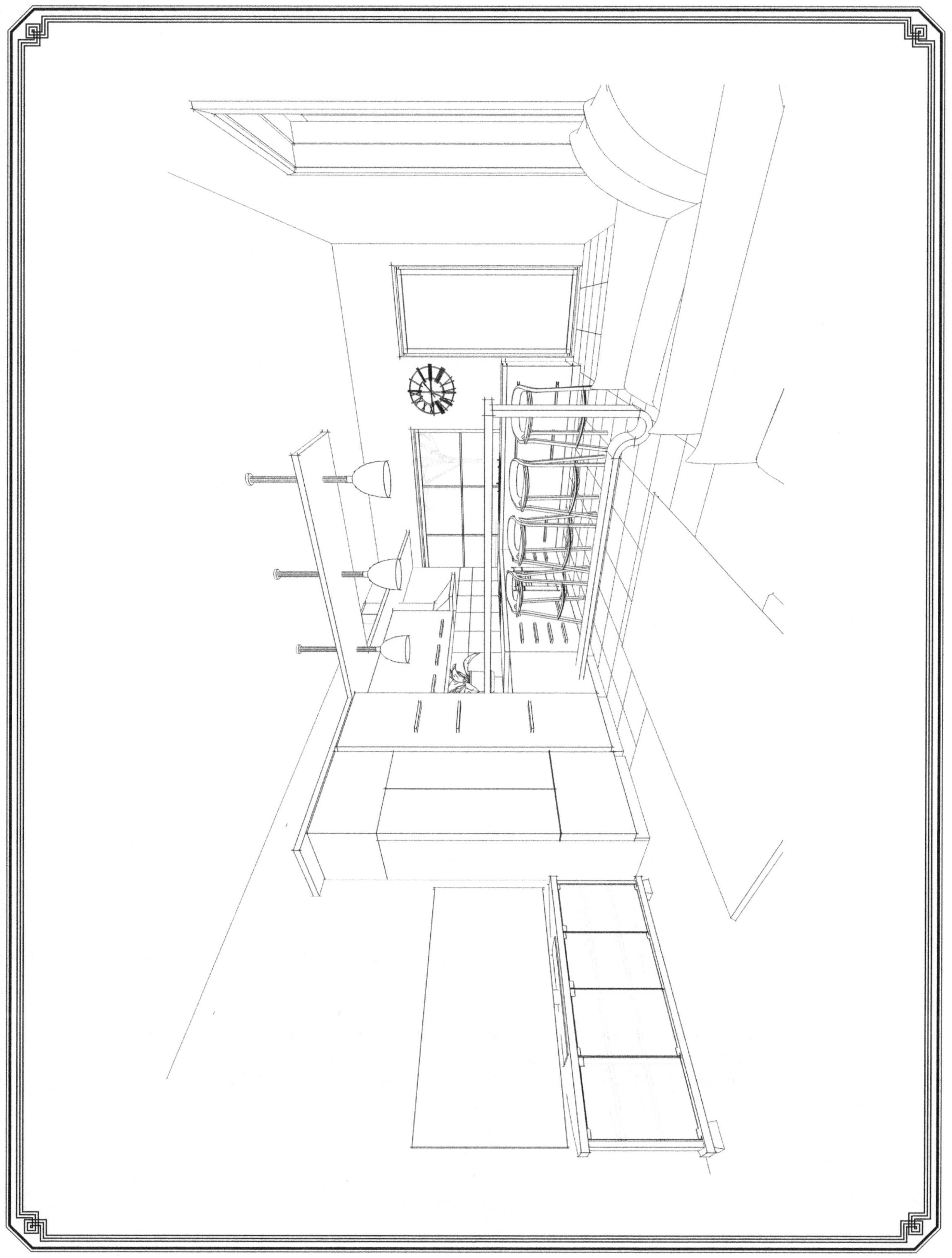

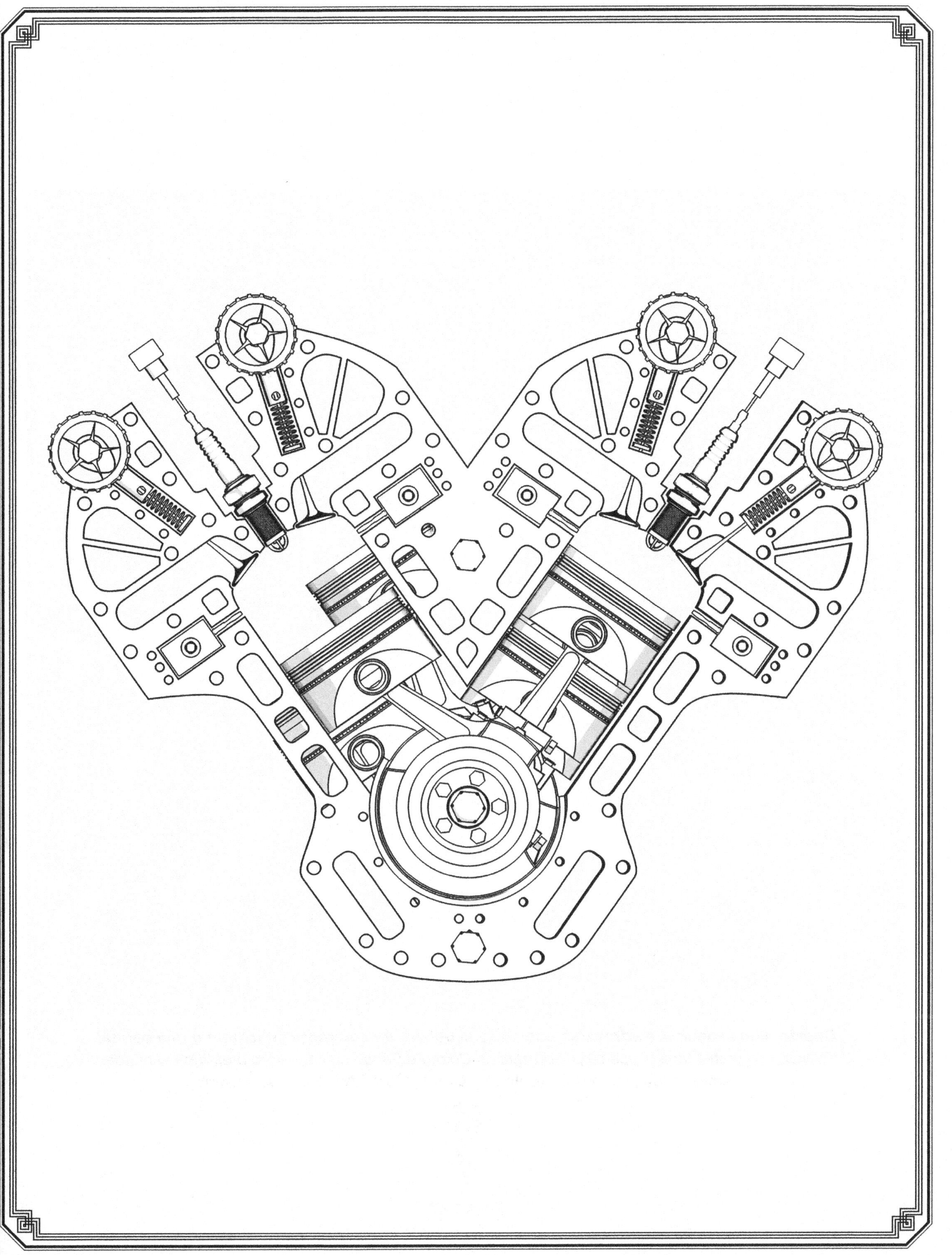

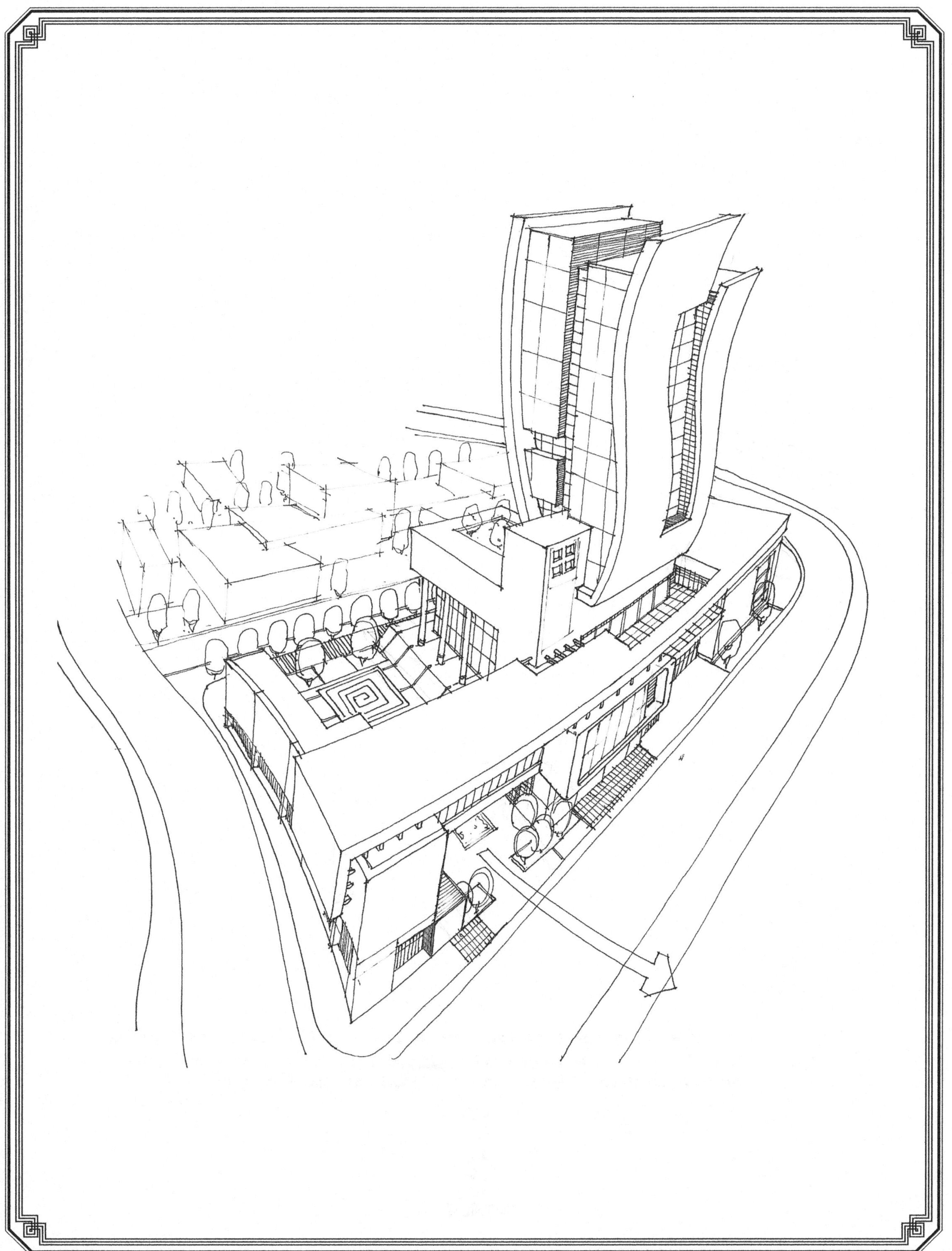

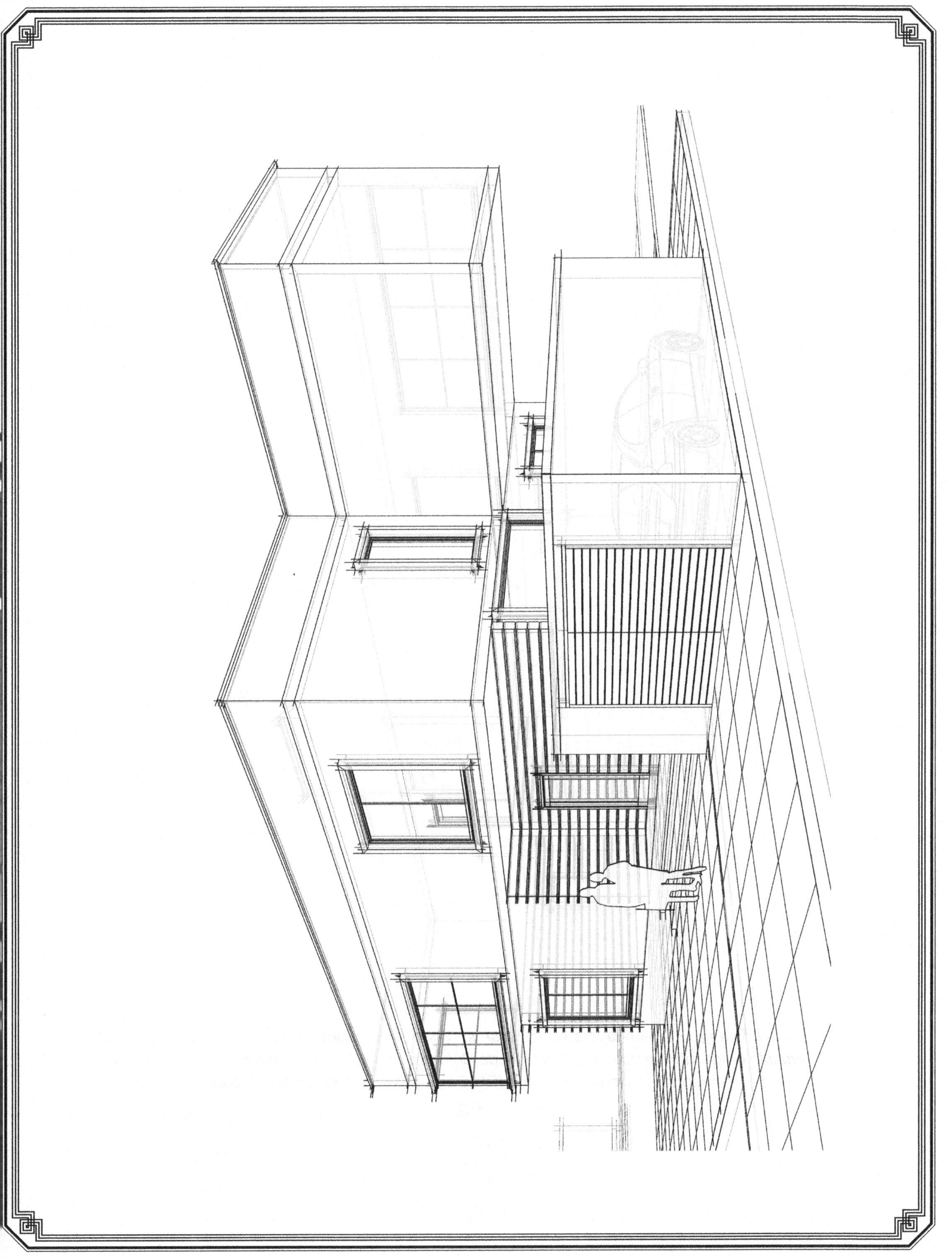

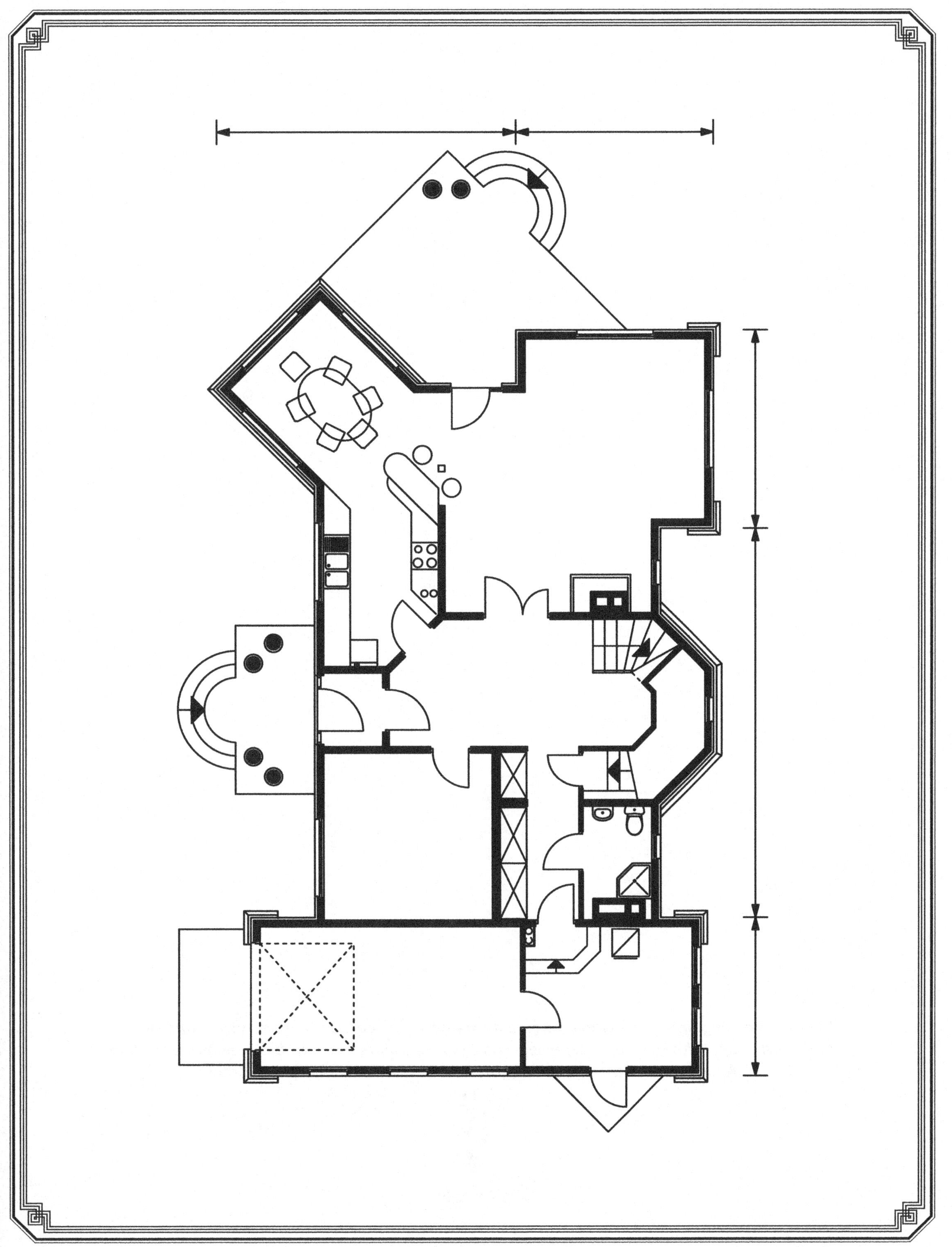

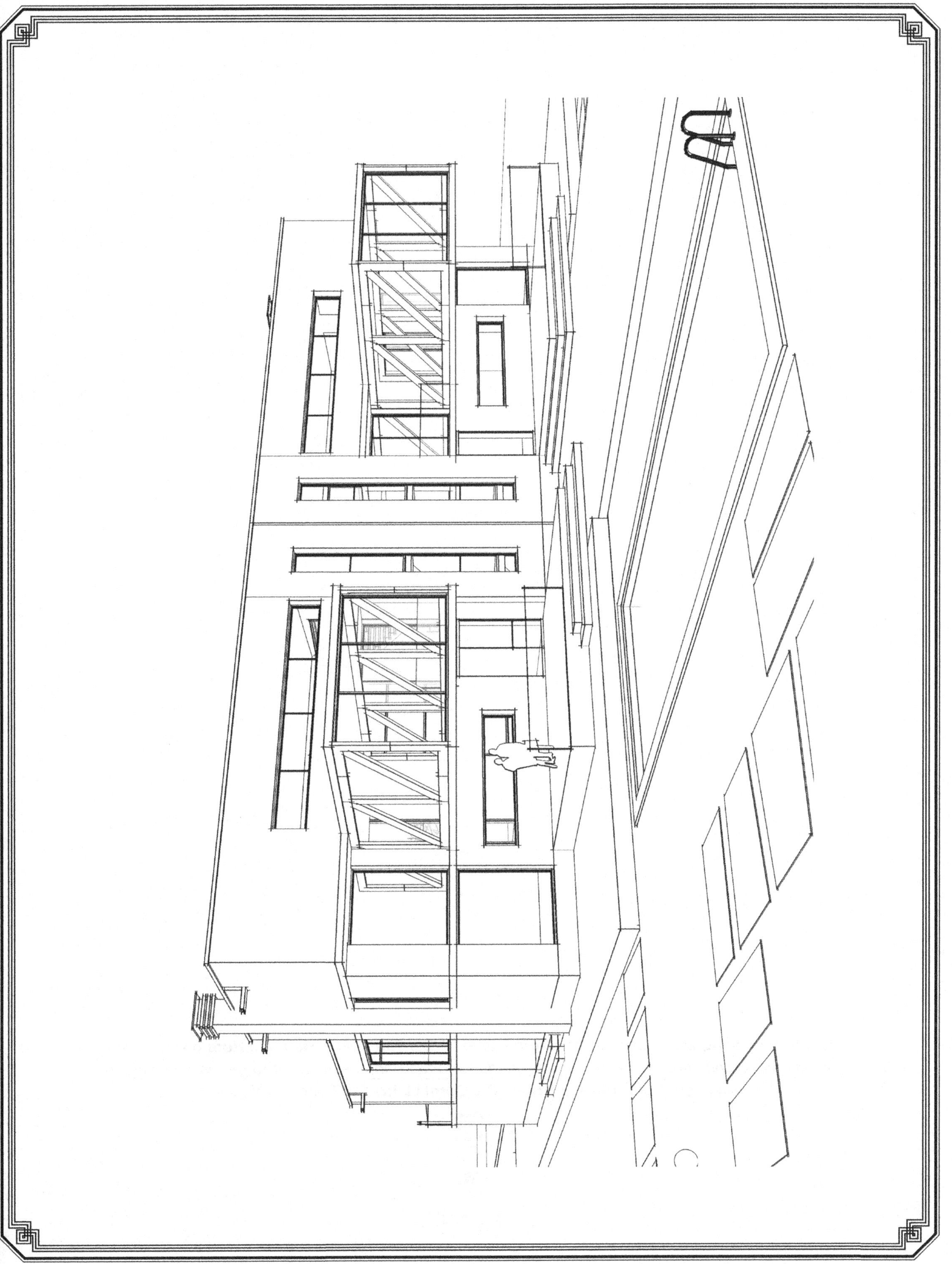

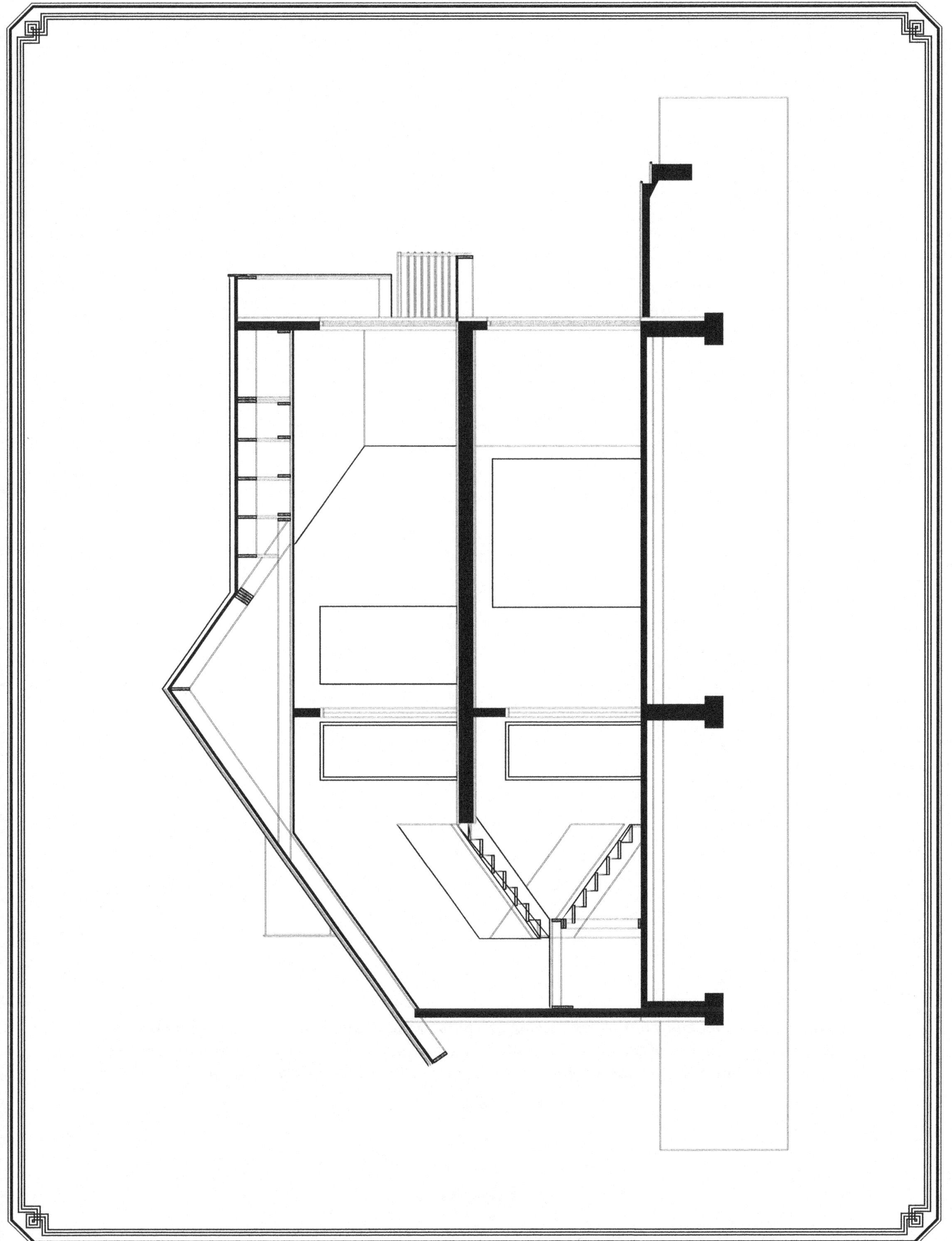

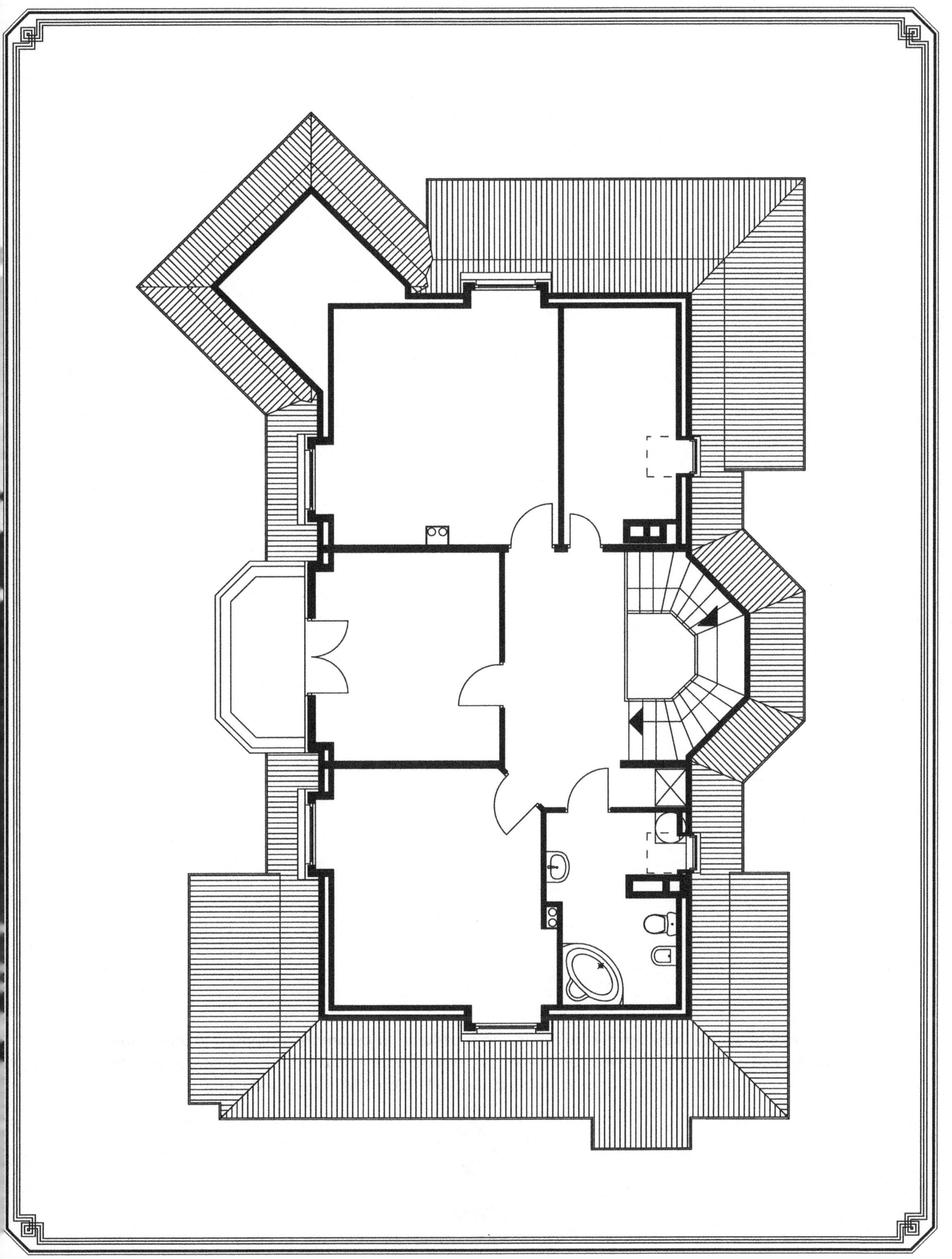

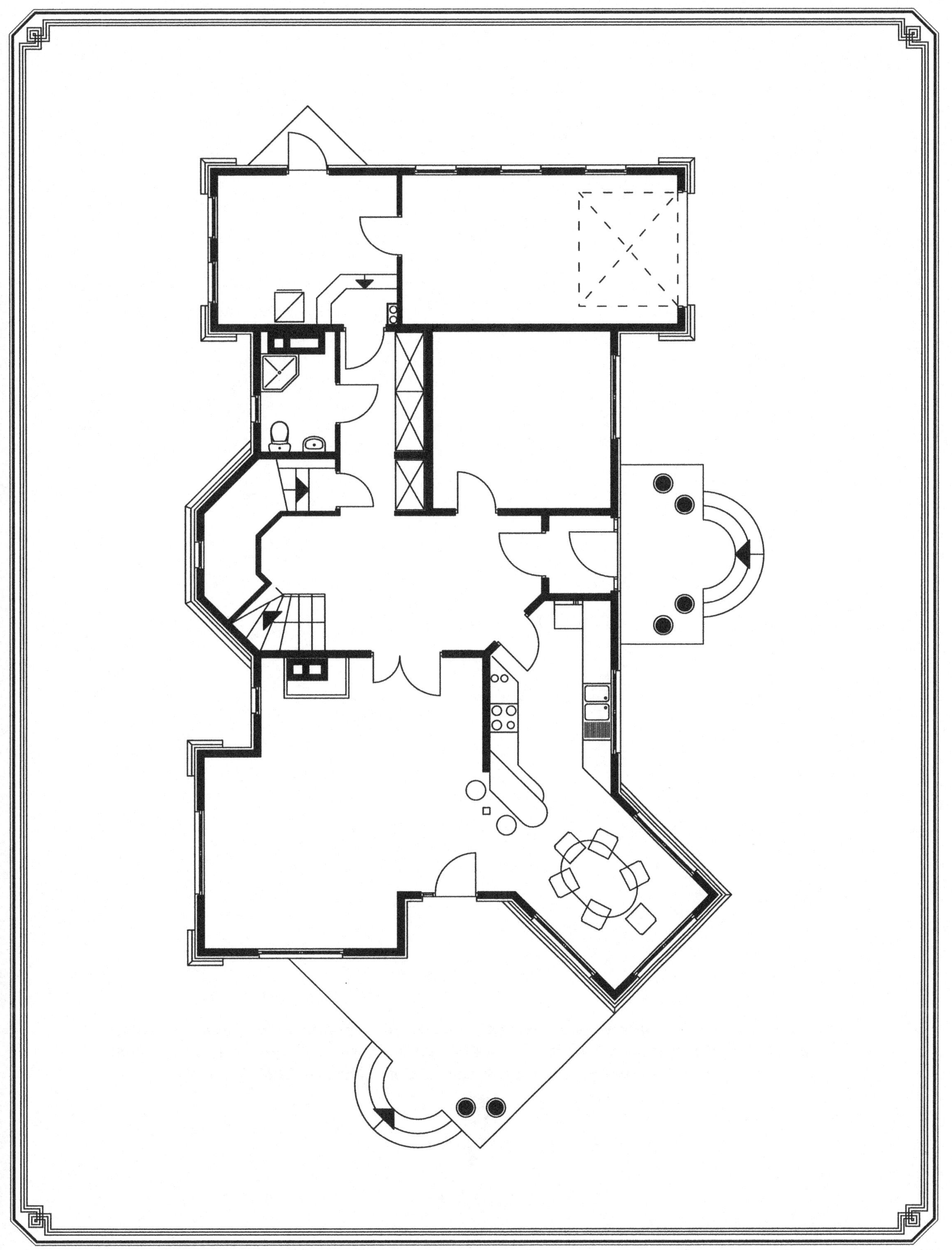

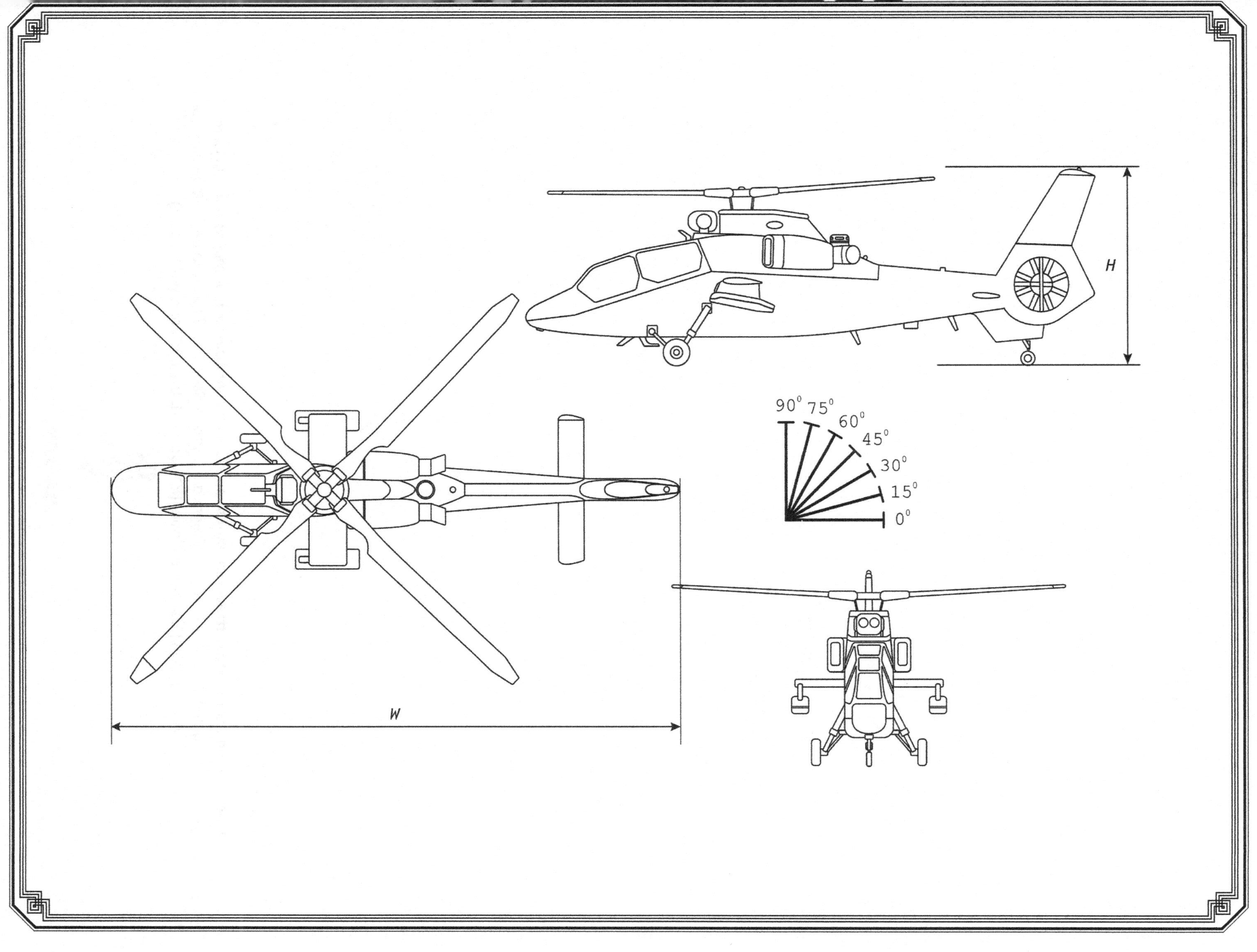

H
90° 75° 60° 45° 30° 15° 0°
W

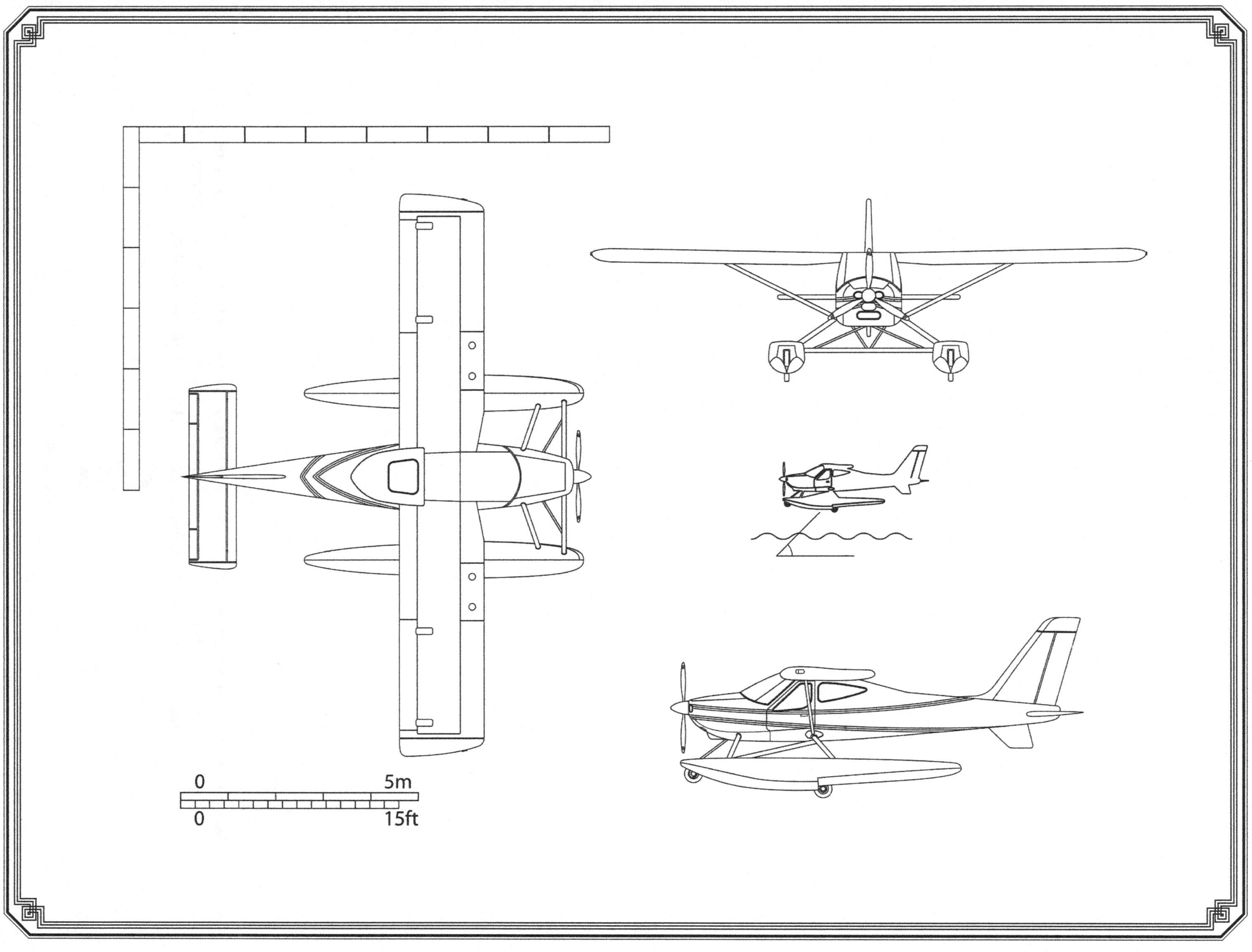

0
5m
0
15ft

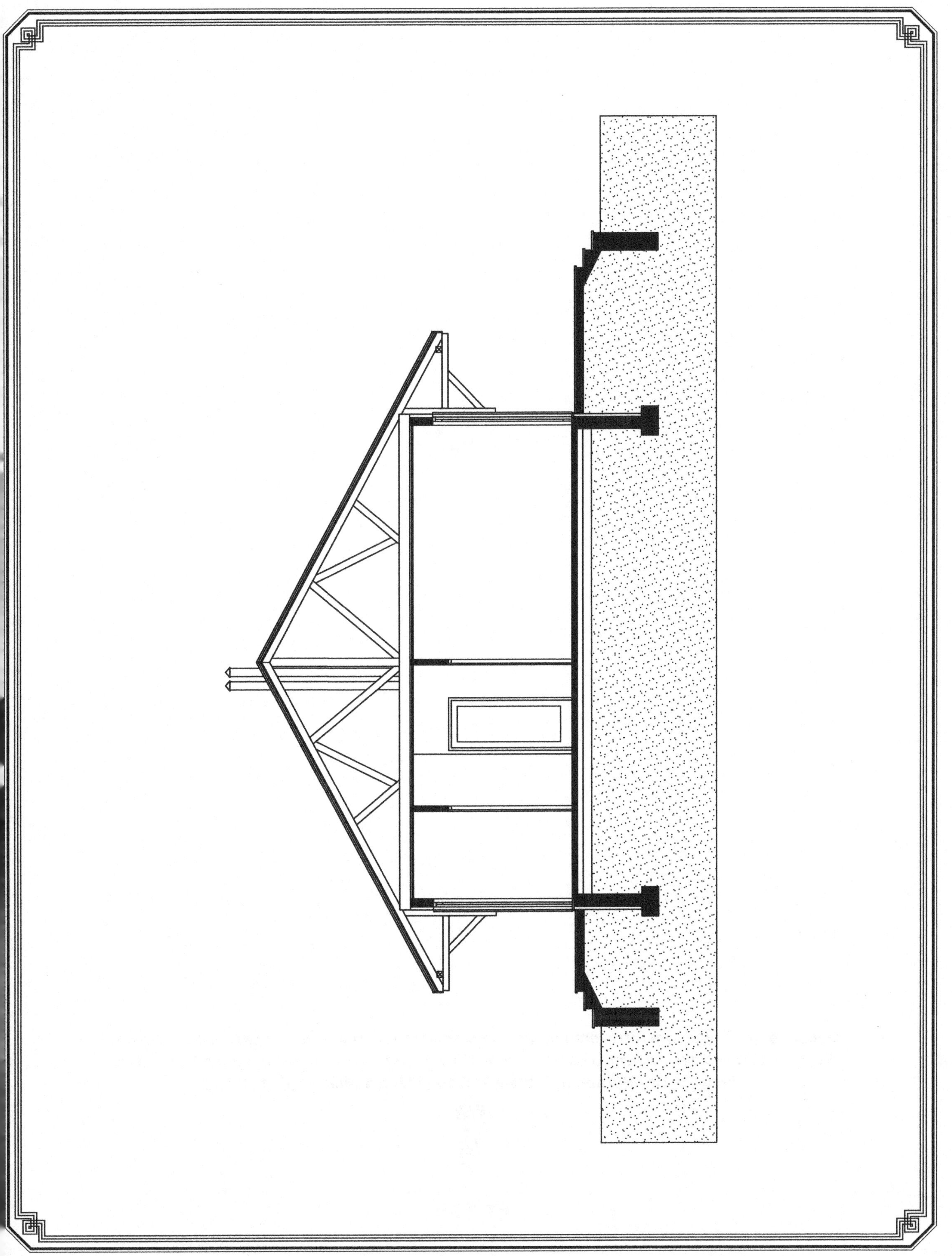

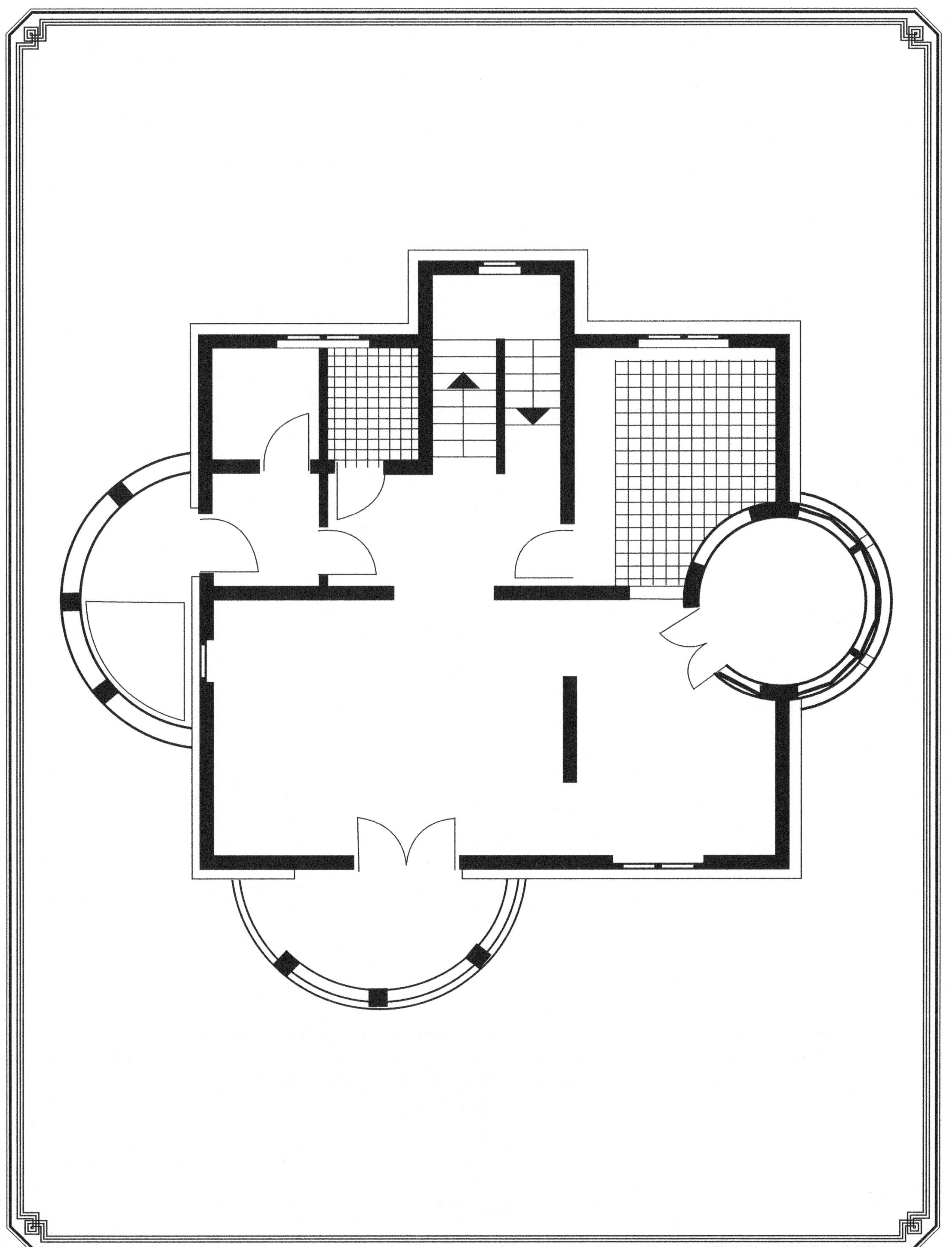

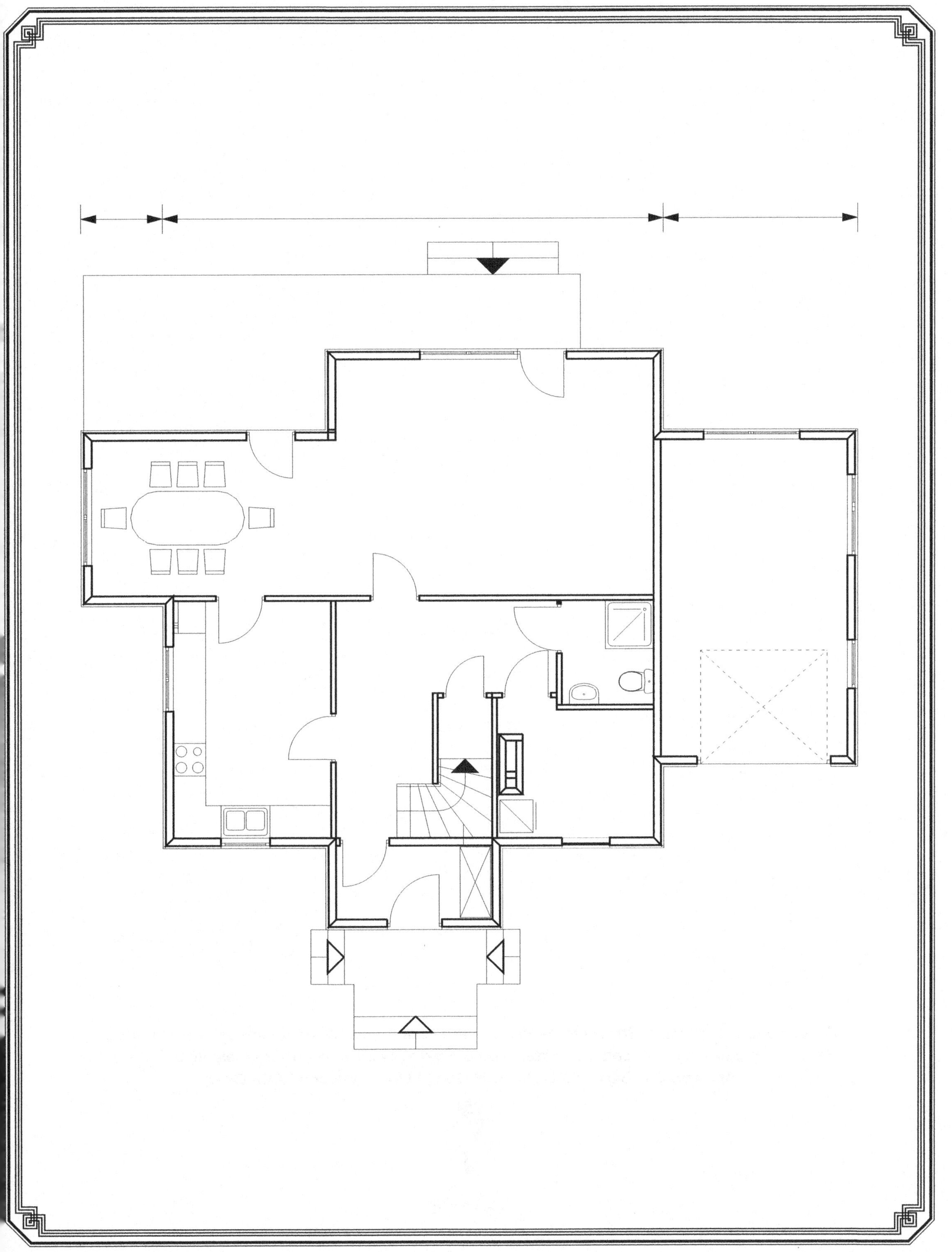

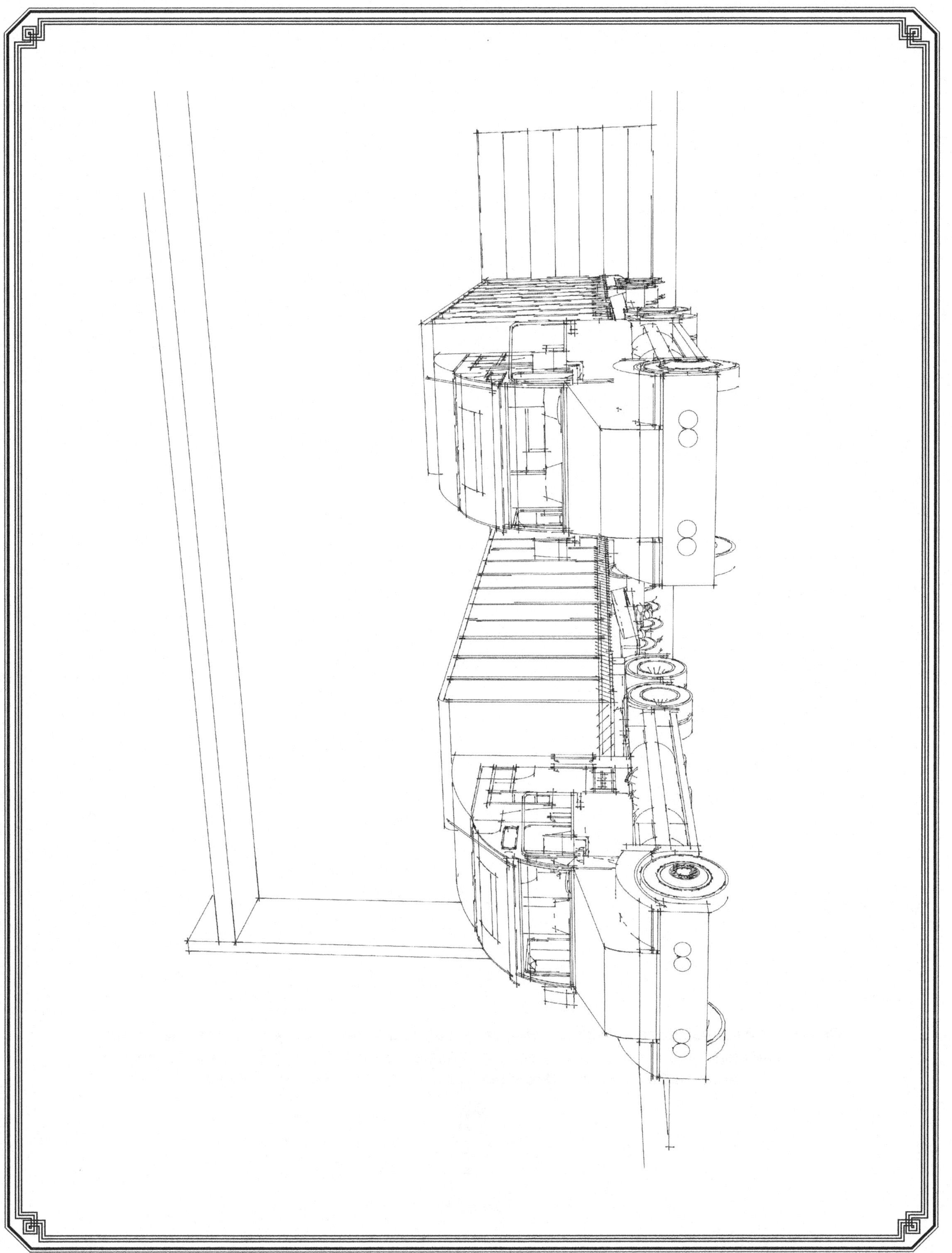

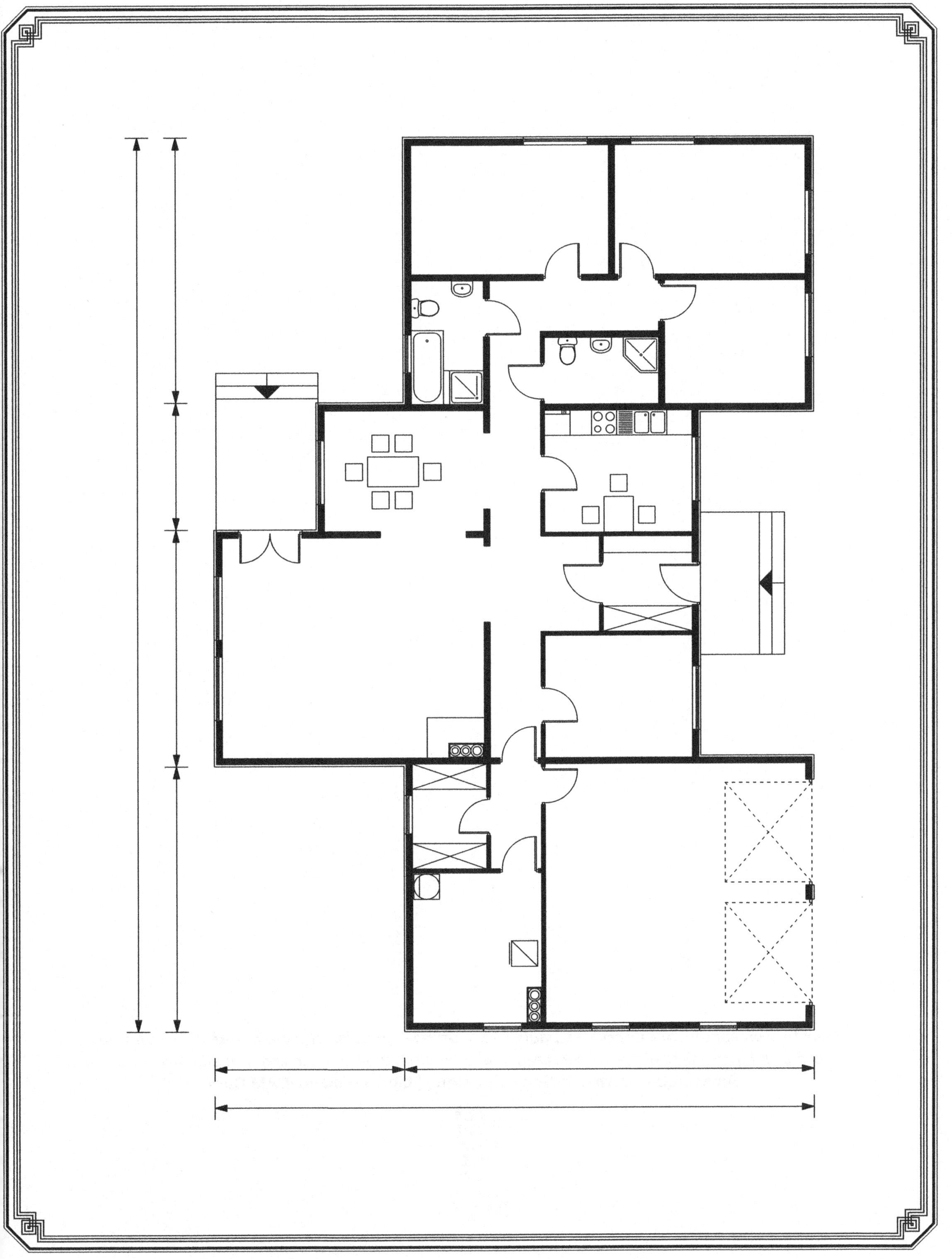

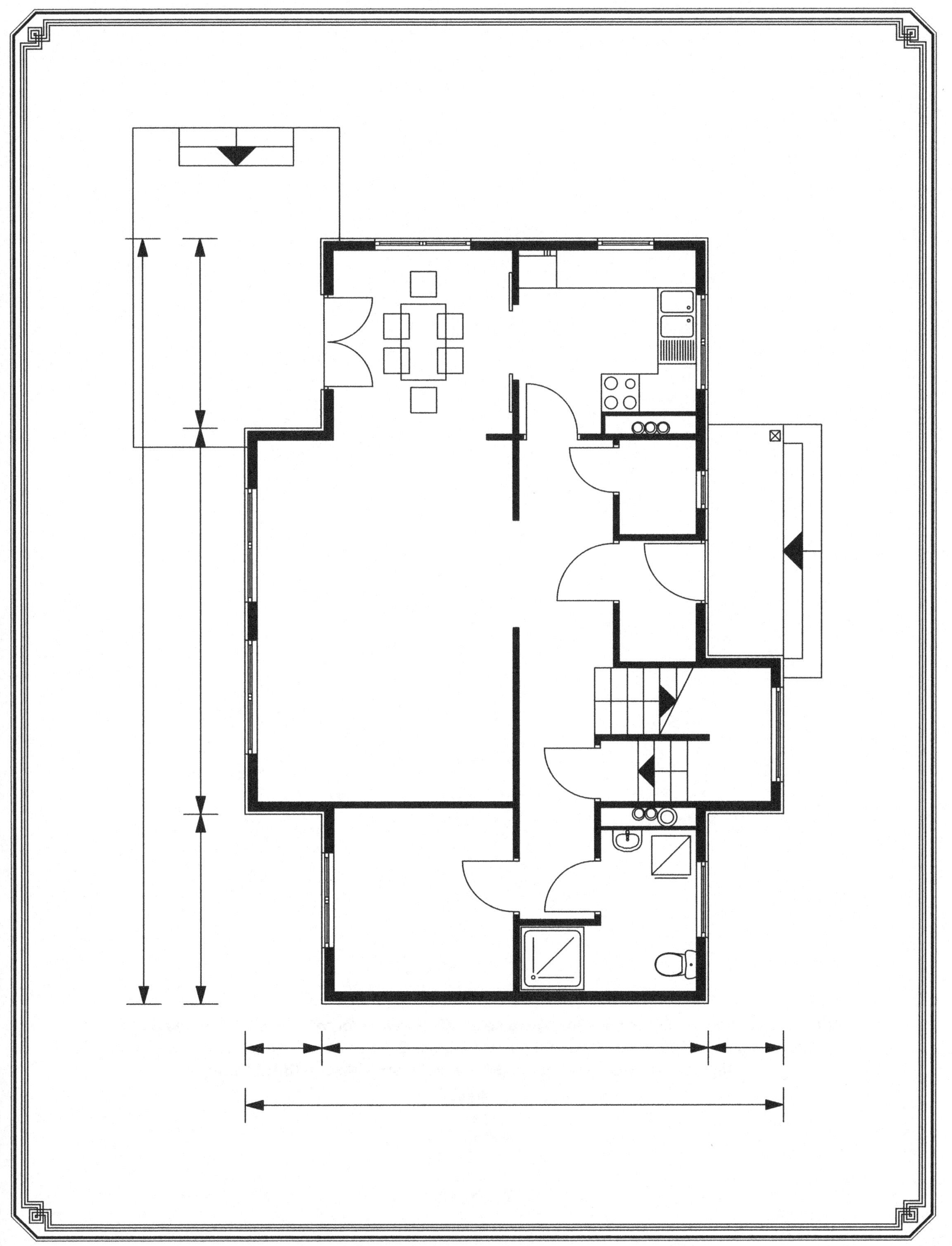

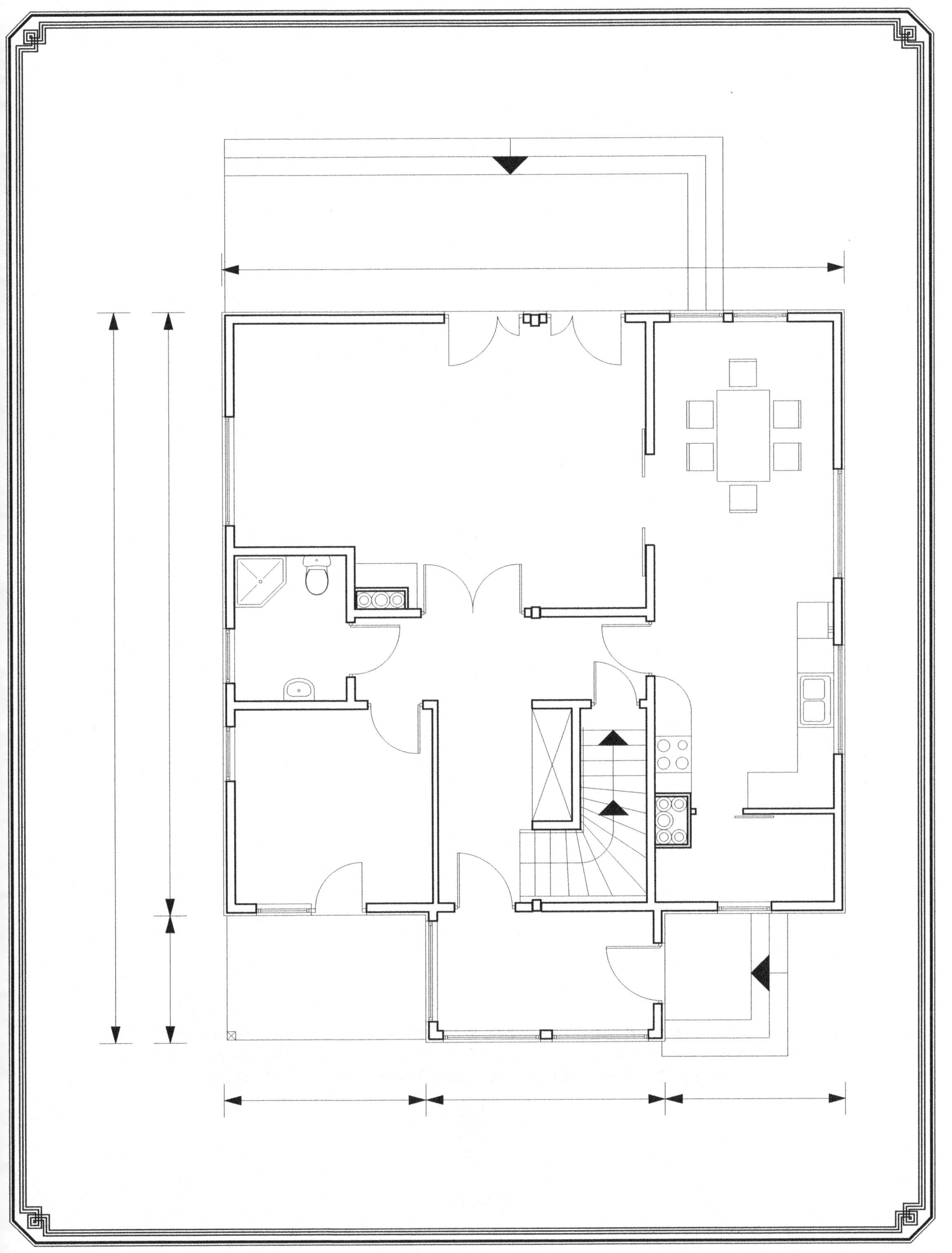

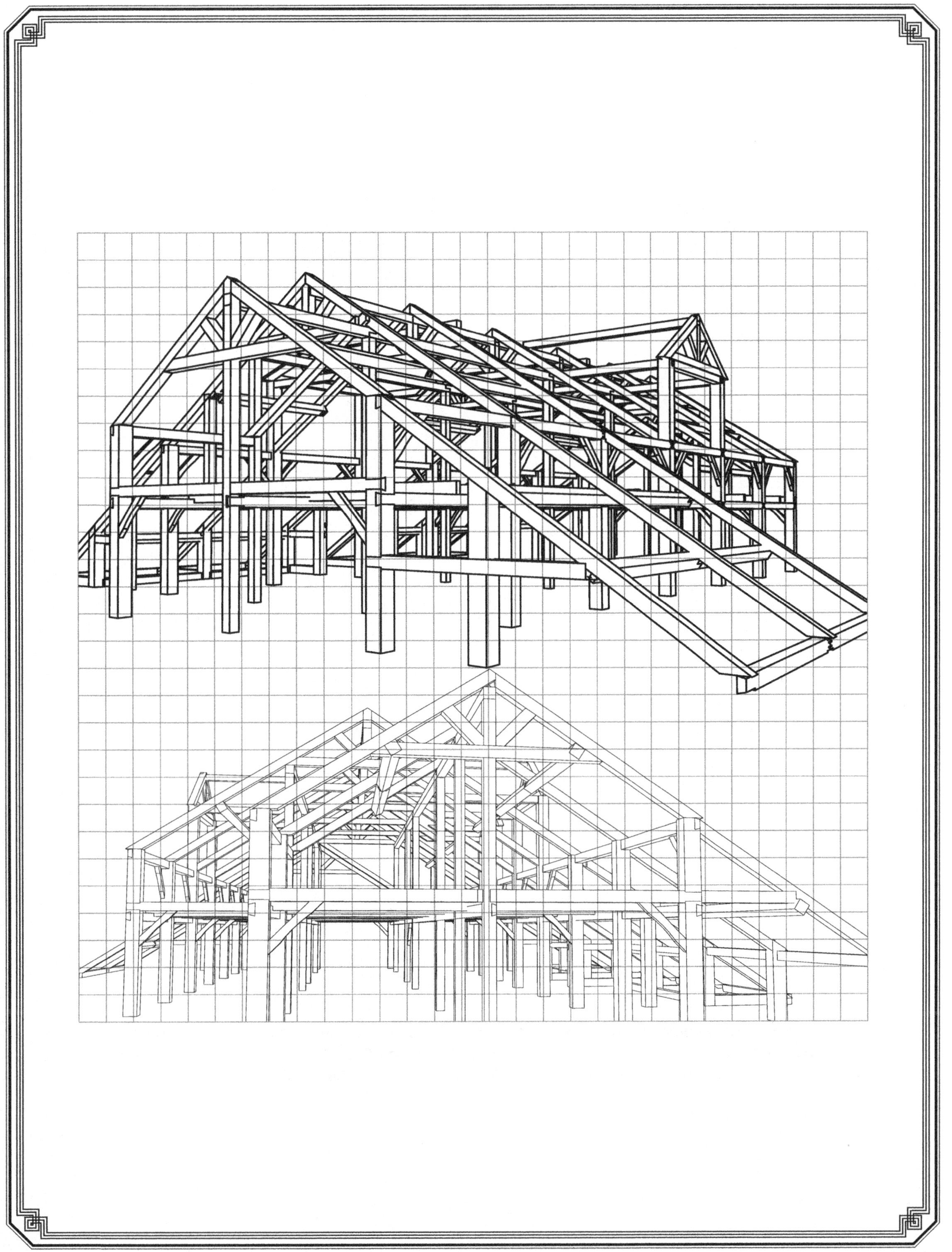

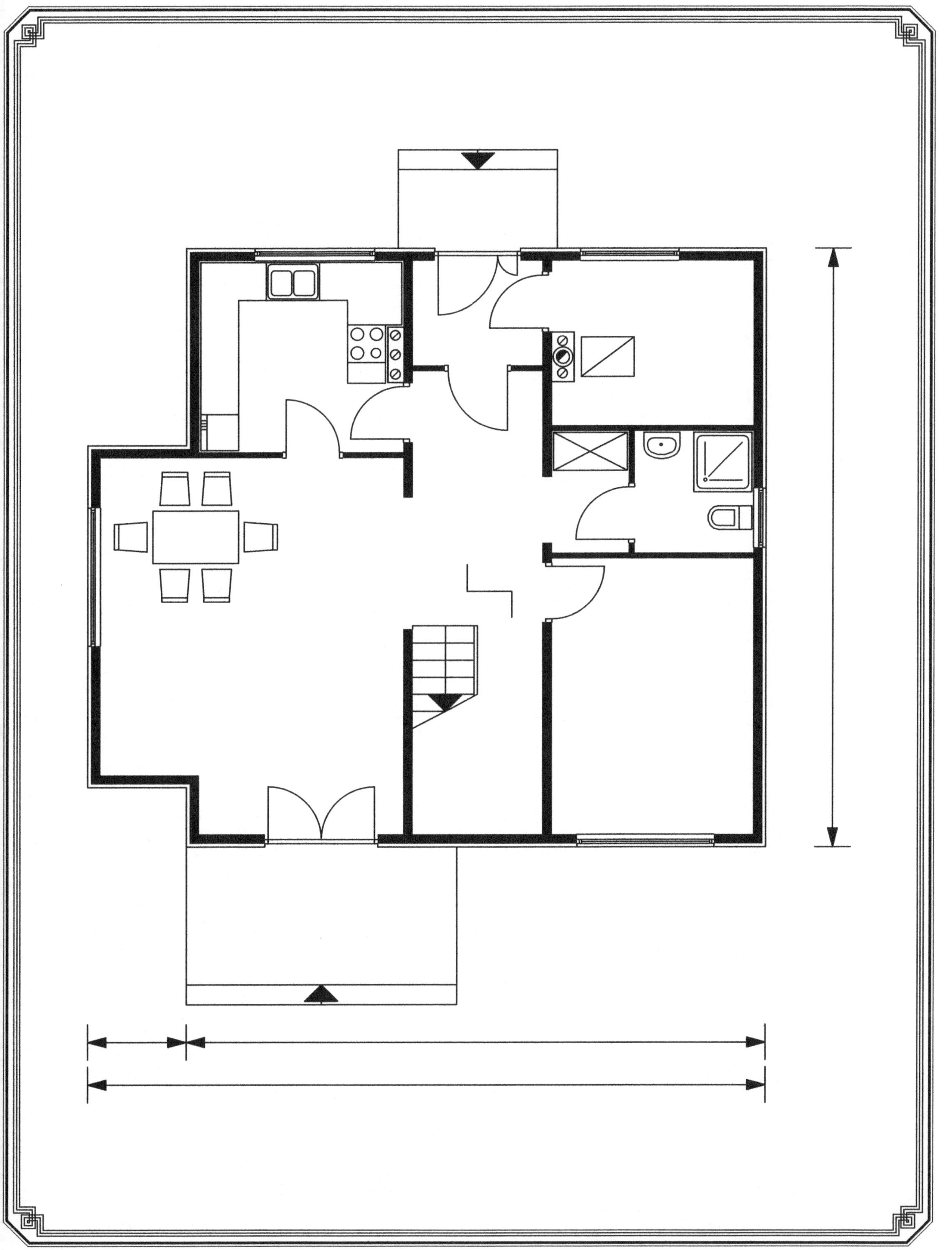

Made in the USA
Monee, IL
07 July 2026

56546050R00037